AF192639

Primera edición mayo de 2025

© Fermín Herrero y Subhro Bandopadhyay
© de esta edición, Editorial Páramo
www.editorialparamo.com
editorialparamo@gmail.com / 646346731

ISBN: 979-13-990156-4-5
Núm. DL: VA 227-2025
Impreso en España – Printed in Spain
Impreso en Estugraf

CORRESPONDENCIAS

Fermín Herrero

Subhro Bandopadhyay

editorial
PÁRAMO
*
lírica

CORRESPONDENCIAS

Fermín Herrero

Subhro Bandopadhyay

*Debemos volver donde estábamos, volver a aquel
cruce de caminos donde nos equivocamos.*

Domenico en *Nostalgia*
Andrei Tarkovsky, Tonino Guerra

LOS MAESTROS de la India siempre dicen que el alma del país está en sus pueblos. Yo nunca viví en un pueblo pero pasé varios años de mi vida en ciudades pequeñas, de provincias. Vi la transformación de una de ellas —de ciudad pequeña a ciudad dormitorio— rompiendo su columna vertebral, esencialmente campestre. Pasé toda mi infancia en ese período de transformación. Me crie dentro de la ciudad, donde el olor de la guayaba se mezclaba con el del polvo de la construcción. Llovía mucho. Creo que la lluvia me formó. El petricor y la llamada de las ranas macho formaban parte de mi entorno. Todas las personas se conocían por un apodo. Nada era ajeno.

Ahora, con aquel momento ya distante, lo recuerdo y me sorprende que esa ciudad pequeña de ambiente rural no me produjera ninguna sensación en cuanto a la diferencia de clases que los autóctonos perciben hoy de manera muy evidente, y que todo el mundo conoce de la India. Entiendo que todos éramos de una clase media-baja, en estándares globales; sin embargo, venían personas de pueblos vecinos, evidentemente más pobres, para vender algo de poco valor; alguna verdura o el huevo del pato, de color verde azulado. Quizás un niño no tiene aún, o no debería tener, conciencia económica. Al menos no debería de entenderlo así. Quizás es lo que pasó conmigo. Pero en esa ciudad pequeña nadie trataba mal a nadie por su estatus.

Todo esto, toda mi infancia, lo encontré en Soria durante el tiempo que pasé en ella. La misma gente, el mismo trato cercano y aparentemente frío, con sus pequeños chismes, sin diferencia de clases (y esta vez real, no en la mente de un niño). Quizás uno necesita una vida para entender el alma que sostiene el mundo, la gente que sostiene esas pequeñas ciudades a punto de desaparecer; todo está demasiado globalizado. Aunque en principio lo global es bueno, el pasado local era probablemente más acogedor en este viejo mundo que habitamos. Sobre todo, ahora que el fascismo desafía otra vez todo hecho humano, global o local.

Después de leer y conocer de cerca a Fermín, abusando de su amabilidad le propuse hacer un diálogo entre estos mundos. Él aceptó. Él me regaló muchas palabras, sobre todo los sinónimos de la lluvia, que por desconocimiento creía que eran pocos en español. Aunque mi lengua materna bengalí tiene más términos, los que se usan diariamente son casi los mismos.

El proceso de esta correspondencia fue bastante espontáneo (quizás en lenguaje actual diríamos "orgánico"). Yo le mandé el primer poema, él correspondió y así seguimos el juego de tenis de mesa, un partido sin competir, una partida hacia lo nuestro.

Me gustaría añadir para terminar un dato de suma importancia para mí: escribí estos poemas en castellano. Antes traducía del bengalí, pero esta vez, no sé cómo, me llegaron esos paisajes íntimos en mi segunda lengua. Fue la generosidad de Fermín la que lo hizo posible.

Subhro Bandopadhyay
Delhi, India

HACE YA muchos años —no quiero ponerme a averiguar cuántos— tuve la inmensa fortuna de coincidir con Subhro Bandopadhyay en un *workshop* de traducción. Aunque había estado en Soria durante un curso disfrutando de una beca internacional Antonio Machado, experiencia que dio pie a su espléndido *En la ciudad leopardo*, lo había conocido en persona después, con motivo de una lectura poética en el Instituto Cervantes de Delhi, pero de no haber sido por la feliz coincidencia en las jornadas traductoras este libro creo que no existiría. De aquella convivencia, si bien escasa muy fructífera, creo que procede la semilla del volumen conjunto que tienes en las manos.

No es menos cierto, sin embargo, que la idea y el mérito, de tenerlo, de estas *Correspondencias* poéticas, hay que atribuírselos en exclusiva a Subhro, que fue quien me propuso, a partir, como decía, de algunas conversaciones en el taller de traducción y de su experiencia previa de un libro a medias con Marifé Santiago Bolaños, la posibilidad de establecer un diálogo lírico por email de una forma elemental: él comenzaría la correspondencia con un poema que un servidor replicaría con lo que le sugirieran sus versos y así, uno a uno, hasta el número en el que finalmente nos hemos parado.

En los días del *workshop* hablamos un poco de nuestras respectivas infancias, tan distintas en el espacio —tropical bengalí el suyo, de las frías y desoladas tierras altas sorianas el mío— y en el tiempo —le saco quince años— y no obstante cercanas en cuanto a lo pueblerinas y a la sensación de aislamiento y soledad en la que posiblemente se fraguara nuestra vocación. Aún recuerdo emocionado, al cabo del tiempo, por caso, y en parte lo recojo en el texto "turístico" de cierre, la atmósfera de su vivísimo relato de las tardes quietas, aplanadas, tórridas, en las que iba a pescar con su abuelo. Ese es el origen y la temática de partida, que entonces ni siquiera sospechamos, nunca se sabe por qué extraños vericuetos encuentra salida el caudal poético que se arrastra desde la niñez, fuente de fabulación del mundo.

Espero que el acicate de su iniciativa, al cabo, haya provocado una sinergia que favorezca al libro, de ahí el plural baudelairiano del título. Lo que es seguro es que cada envío de Subhro despertaba en mí recuerdos o sensaciones de cuando era chiquillo, actuaba como la naturaleza respecto al símbolo en el poeta maldito francés, por encima del estimulante contraste formal, acaso procedente del arraigo en la tierra natal de cada uno y su consiguiente huella en el carácter y en la escritura: la tendencia a la exuberancia de imágenes cercanas a lo irracional por su parte, la austeridad seca, casi pedregosa, de mis poemas, a diferencia de los suyos, sin título siquiera, excepto el último, mi impresión apresurada del gigante asiático fruto de un recorrido por Nueva Delhi, Calcuta y Santiniketan en compañía de cuatro grandes poetas y amigos.

Fermín Herrero

CORRESPONDENCIAS

ENTRADA AL PUEBLO

Comparar y crear jerarquías, incluso entre la luz
La entrada del otoño trae alegría a esta parte del mundo

Ir hacia la cosecha, fuera del único tono de la lluvia
Comparar y esperar a que nos salve un ser superior
La verbosidad de los rezos

Entre suspiro y llanto se abre una senda, ya seca
Es la vena llena del color de la madera, oscura y mohosa

Dejo el susurro y la sal de antaño allí
todo se celebrará

El pueblo que crece cada día
celebra las vueltas sin idas

Desde la rama plateada del baniano bajarán
las raíces del plenilunio

Es UN terreno malo y montaraz,
expuesto y pobre, extremo. Y despoblado.
Las aldeas están muy cerca, apenas
unas casas de piedra que se apiñan
en torno a las iglesias, siempre vigilantes,
arriba. Abundan duplicados segovianos:
Aylloncillo, Buitrago, Pedraza, Arévalo...
No así Ausejo, procede, según un etimólogo,
del árabe aguseio, aguzar. No veo relación.
Pienso en el Aguisejo, brincando por la sierra,
las represas después, sus aguas en el Riaza.
Claro que es tal el desamparo que resulta
imposible encontrar relaciones.
Es curioso, serían pueblos de frontera
y de repoblación durante la Reconquista.
Luego, en los años duros, tras la guerra,
los segadores dicen que acudían
desde allí, cuando el hambre y las jotas.
Hoy quedan cuatro gatos, viejos
y con frecuencia mal avenidos.
Castilla horizontal, pelada;
no hay en todo el contorno, abierta,
ni una escuela, quizás ni un justo.
Es áspero el terruño, sin abrigo;
son largos los inviernos,
los odios, las envidias, los rencores...
A qué seguir. Mejor volver al verso:
venía de las tierras altas, había
conocido la sed y el agua de los trigos
de marzo, escribe Eugénio de Andrade.

LA SOMBRA

Había que resistir la geometría
Porque es el tiempo de la sombra
Porque el oasis corre más rápido que nosotros

a los pies crece la chamusquina
como yo eché a caminar por la arena de nuestra locura

Ese cruce de caminos al que ya no se puede volver
El ojo crea la imagen fragmentada

El fuego solo provocará la ceniza
hasta que no arda la lágrima

LA INFANCIA manantial en los ojos
que contemplan la tarde. Me hiciese
pájaro como entonces, ascendiendo,
ascendiendo. Se vence el corazón
ante la desnudez del cielo, rasa
y fría; intacto voy aún,
sin menoscabo, vuelo que en raíz
se afirma. Ir al encuentro
siempre, tan cerca estoy del júbilo
por dentro, del misterio que alienta todo.

A FUEGO LENTO

Todo se hace a fuego lento
La luz es una polvareda

El mendigo del pueblo
lo anuncia cada mañana

Hacia el estanque abandonado
bajan los insectos diurnos
Flota el cuerpo de los nocturnos

entre cuerpo y cuerpo
crece la luminosidad
pesada de una mañana lluviosa

Penetra el fango de la orilla

Si lo abriésemos habría
un fulgor cristalizado

¿Es el fuego lento de color lacrimal?

No había tiempo en la alegría
perfecta, franciscana, de las eras,
ni mundo más allá. Estaban
vivas todas las cosas, todos
los momentos, en lo absoluto. Nada
tenía sombra, como si fuese
eterno el esplendor. Entre cuatro paredes,
lo ilimitado, ni siquiera lo sabíamos,
para qué. Me bastaba el estar,
sobraba incluso el ser, lo verdadero.
Era un tiempo tan pleno que jamás
huerto cerrado, privilegio y luz.

RELÁMPAGO QUIETO

Tú llevas un jersey,
el frío no toca tu piel
pálida de color del lodo
La luz quedó en su pleno reflejo
La escultura momentánea, lisa

El invierno es seco, polvoriento
tú lo palpas
rascas la orilla
y lo rasguñas

Sé que llorarás en la ducha
Sé que tu cerebro es un cofre
lleno de cuadros pintados a acuarela
Algún negro difundido sobre el gris

Sé que nunca entenderé
por qué la lágrima
es un relámpago quieto
sobre tu rostro oscuro

Con el silencio que, en el monte, me libera,
por los caminos lentos, bajo
la lluvia, voy andando;
por esos andurriales donde sólo
la ingravidez de las alondras,
algunos días, me sostiene.
No busco el aislamiento, de antemano
me encuentra, pero cómo vivir
sin la nostalgia: nuestra victoria
sobre el tiempo.

EL FUEGO

Indagar el aroma,
abrir las capas de la tarde
donde se esconde la blancura amarilla
de las flores nocturnas,
los pétalos que caían sobre tu cabeza dolorida
cuando la oscuridad
devoraba la geometría del árbol de mango

En el mundo tropical
cada día fosiliza el fuego
al tardecer

Cavar y descubrir la fruta
que se prepara en el nicho de la luz
al morderla nos penetra como ceniza
en la iluminación

SÓLO SE caldeaba la cocina, y poco,
de vez en cuando había que volverse
contra la lumbre porque se quedaba
arrecida la espalda. O restregarse
las manos, si no las arrimabas bien,
para que entrasen en función.
Los fríos, las miserias de entonces,
nos vacunaron contra la queja fácil,
el capricho y la burla, la necedad.

Un aroma que levante las casas vacías
Las vistas sin puntos
el ojo que sabe encender el recuerdo
Lucidez —luz plateada—
del ocaso monzónico

¿quién busca el cuchillo del mismo color?

Para indagar en la Historia
y sus símbolos oníricos
el soñador se convirtió
en morador de un sueño perpetuo

El último aleteo del insecto
en el ámbar —el atardecer—
el color del dulce de arroz
su nitidez en esta tierra
de humedad eterna
que hace desteñir el incienso

La radio abre el túnel de la música
de las películas
la que gusta a las adolescentes

Como si encendiera la armonía
con un marco parabólico
chispea la guitarra
en la calle oscura

MIENTRAS AHORRABA hoja de los olmos
para el marzal y las cochinas parideras,
la tarde se ha anublado. Por qué
me vuelve entera, por sus ramas
mochas, la luz de aquel domingo
marchándose despacio de la huerta.
Nada sabía entonces de quien
mucho tiempo después me hablaría
así de los maestros antiguos.

Mis pasos en esta calle
resuenan
en otra calle.

Octavio Paz

EL GALIMATÍAS llamado Tiempo
es un animal desollado
habría que descubrir un lenguaje
completamente nuevo
con el rosado de un animal neonato

Seguramente encontraremos lo real
como senda al lado del estanque
donde los jóvenes nadan
sin descanso

que esté seca
que nos despoje de todo lo construido
una calle donde resuenen los pasos
ya perdidos definitivamente

VOLVER A mis veredas de la sierra
bien de mañana, el vaho en el aliento,
el campo blanco por la escarcha,
abajo el humo de las chimeneas, a hilo,
por los pueblos, que siempre me sosiega,
me lleva a lo apacible, a la añoranza.
Pero solo y arriba, al margen
de cualquier vanidad, de todo enredo;
de mis deseos, que bien sé que hieren,
de los ajenos, que también enturbian.
Hasta las cabeceras de los ríos
los patos suben con la helada,
buscan seguramente el manantial,
lo verdadero. Tengo que seguirlos.

¿Desaparecen los pasos?
Me preguntarás, mi querido amigo
Loables son los que descifran

La neurona busca, al menos,
una estela

En estas tierras queda mucho dentro
Nada cambia

Cada vez que se abre una grieta
sabemos que hay agua
porque el magma es de los volcanes

UNA NOCHE de luna llena, sobre
el cerro, tan rotunda, qué serenidad
después de la nevada, un refulgir
donde se va el amor hacia lo etéreo.
Qué raro es todo; no he dejado,
sin embargo, de ser. El viento
se adelgaza de atardecida
aunque nunca se calme por completo.
Si así fuera, me quedaría
contemplando, sin más, no habría
mundo sino más lejos, más lejos
todavía.

LA MADUREZ SEGÚN EL SABIO DEL PUEBLO

Intento salir
El cuerpo busca a sus antiguos inquilinos
estarán ya en otros cuerpos más jóvenes

No queda ni un sonido más
salvo el de la fricción
entre la brisa y la suavidad del estanque

Esta espera y su quietud total
Este suspiro provocado por el mediodía
La tierra humana está desconectada

Este mundo del aroma de los moluscos
ciega a las mangostas
también a nosotros

Entiendo que no son el mundo las batallas
Es la inmortalidad que nos hace creer
que el amor no es de los jóvenes
la ceguera los domina
en la búsqueda del sonido

Y por fin cuando se encuentra
es el graznido jadeante del ganso
que vence a la oca
en la palidez del fango.

HACE FRESQUILLO aun siendo agosto
y por las tardes el solano pica
más pingado. Con dos calderos voy
a la fuente, pensando siempre
en lo peor. El hormigueo de las manos,
sin más razón que el miedo
a que se caigan. Y no son botijos.
Ni pude ni podré con el temor
del mundo, llevo la habitación
de Pascal siempre encima.

EL SABIO SOBRE LA GUERRA

El mundo crece
La hierba repentina
bajo la luz delantera del autobús
en la carretera secundaria

Hombres importantes
y sus chistes de guerra
nos rodean por la mañana
en el mercadillo de campesinos

Nos persigue el perro de sombra
Yo también he contado
el número de cadáveres
para impresionar

ME ECHÉ de espaldas en el prado,
simplemente a mirar las nubes. La hierba
estaba un poco húmeda. Pensé de pronto
en los días en que segábamos los dos
con el dalle: el dolor de riñones;
que no cundía nada; cómo
sudaba cuando al relevarme
mi padre sonreía y continuaba
erguido. Siempre me aconsejaba:
mantén recto el talón, levántalo.
Ahora añadiría: como todo.

AQUÍ LA primavera arrambla
las hojas caducas

En la intemperie
respiramos la humedad seca
del estanque

No es fácil dar cabida una estación extra
en ningún calendario
sobre todo la que lleva las serpientes de colores
y los insectos que arrojan aroma
sin ton ni son

Todo pesa, rompe la frontera de los meses
Sólo es el fulgor de la llovizna,
que agrieta el estar de los zapateros
sobre la superficie del agua

Todo es una espera
El aire tropical de las tres de la tarde
tiene el color del limón

Ahora es el descanso del horno
El fuego, que era una ardilla azul
hace unas horas,
es la brasa de un día más

Volvemos hacia lo etéreo
fuera de la tensión superficial que nos sostiene

LA LUZ rompe en las peñas, cenital.
Es mediodía, ha florecido el gris
del cerro en apretadas plantas,
rastreras. Hace, por lo menos, cuarenta
años, en este mismo sitio, tuve
mi momento primero de serenidad.
Como entonces, con toda la vida
por delante, de nuevo sonreír
a quien conmigo va.

AMANSAR: EL único desafío que nos ardía
desde las plantas para ajardinar
hasta los animales

Entrar en la plantación de hoja de betel
también las trepadoras secundarias
dan el verdor de la cera

Cada fruta oval lleva una raya gris
Brilla bajo la luz pálida del monzón
En el cielo se ve
la difusión del gris azulado

Que los gorriones traigan el polvo hechizado
para impedir la lluvia
que el río no se desborde
hasta que terminen de sembrar

Sólo se pide eso
como el mendigo sordomudo de la plaza
pide comida

EL AGUA se remece y más abajo
es hontanar a roca viva. Cuando
trabajaba en el campo, la tierra
me hizo suyo. Durante el almuerzo
me refrescaba aquí, tendido. Ahora,
al aire soñador de junio,
en su pereza, granan los trigales.
Otro soy, sin arreglo, cascajo
puro, mis días se han enfurruñado
sin remisión. Como si fuese ayer,
en cambio, permanecen las tardes
aquellas líquidas, no sé, como
flotando sobre el tiempo.

Una grieta en el tiempo descubre la lava del aire
inspirado]
¿Sólo es aire? Pasan las distracciones
nos organizamos
La abrimos para leer la profecía manchada
no hay nada más que un gran flujo
La Historia arrolla

RECIO VENÍA el aire, de la parte
de la sierra del Alba, esquinero,
la tarde que murió Gonzalo Rojas,
el que escapase hacia los cerros
porque necesitaba cumbre, según
el gran Huidobro. Por aquel camino
el tiempo que, a su vera, nos unce
y aniquila. Subía con el aire
de cara, un solanillo muy traidor,
del que corta el aliento, preguntándome
cómo podría apaciguarme un poco,
tal vez, saliéndome de mí,
y cómo resolver la imposibilidad
de ser humilde y, a la par, versificador.

LLEGADA DEL VERANO

Espigar la luz en el patio atigrado
es el fin del deseado invierno
cuando todo aliento era un niño cazador

Con la tarde, en el campo, bajo
la chopera que ampara al riachuelo.
En la parcela de cebada se han dejado
una margen de espigas casi,
vete a saber por qué. La sombra
de los árboles cae sobre
el regatillo. A poco que supiese
cuanto pueda tener, lo que en rigor
me va a corresponder de lo creado,
no andaría tan brizna, tan inquieto.
La textura del aire es distinta
y queda más de medio mes de agosto.
He venido bastantes veces este año
y no ha cantado el cuco por aquí.

EL MIEDO viene del desconocimiento
No sabemos nunca qué hay al otro lado del verano,
quién porta la máscara del aire ocre

Indagar el aroma del fuego que prende
el hogar de tul blanco
de los insectos en el envés o en el peciolo

Así es nuestra primavera
El agridulce del mango verde
penetra la luz en delirio del mediodía
Sabemos que se siembran chispas
en el arrozal

POR LAS delgadas ramas de aquel álamo
que he visto prosperar junto a la acequia
me acerco al cielo, frágil. No queda
tiempo ni para arrepentirse, cualquier
error parece irreparable. En esta vida
no se puede tener todo, con algo
debería bastar. Recuerdo
con angustia los años en que estuve
muerto, de espaldas a la poesía.

DESPUÉS DE LA PRIMERA TORMENTA

El aire empaña todo
cuando el verano está en la mente
presagia el sabor, el amarillo desprendido de la lima,
el latido de su jugo bajo la luz

el niño que retrocedió al ver la primera serpiente del

año]

encuentra el cayado

EL HERRERILLO trisca entre las ramas
del majuelo; hacia la veguilla, otro pájaro
trina; por las choperas el otoño
tiene la luz espesa de las tardes.
Es la tibieza que, según avanza
octubre, adensa los rumores,
me estremece, como en las tardes
más dichosas de aquella juventud
que fuese mía, donde hallara
el amor del que no dudo. A veces,
sin embargo, caballo de agua,
piel resbaladiza, siento, tributos
de la edad, que se escurre o languidece.

VERANO

Negro era el corazón
Negro el hígado, negros los pulmones
                    Cuervo, Ted Hughes

Ocre es su boca
Ocre el corazón y sus pasos
por las calles atigradas de color ocre

Le ofrezco la palidez de la flor vespertina
No queda nada más que la espera
del ternero bajo la primera llovizna
como una filosofía popular

Llegará la fiebre
el cuerpo se empapará
de polvo de cristal

El sueño se llenará
de la raíz ocre de la tormenta

AMARÁ LA campiña el sabio,
al decir de Epicuro. La mañana
se está sujetando, no arroja
aún. Amaneció suspenso,
cargado, el cielo bajo, de amenaza.
Y esta luz, de repente, que bendice
el pensamiento, como del primer
día, su limpidez de absoluto,
sin mancillar. El mundo y su misterio,
que se renueva en cada clarecer.
Si buscara la sombra, me digo,
qué ganaría. Por la tierra, de donde
sale todo y a donde todo
vuelve, por donde todo fluye,
sin resistirme, así, me ensancho, soy.

EL TIEMPO es un patio de hormigas negras
cuyo nido ha sido destruido

Son los cayucos cuya navegación
en el arroyo no fluye por el fango

Imagino un estanque natural en el bosque
donde los animales vienen a beber

Me acuerdo que la abuela decía
que el color de la tierra barbechada

era del jugo denso del mango
en el mes de mayo

LOS JABALÍES han hozado
junto al rodal de los endrinos,
en aquel vallejuelo donde me dijiste:
qué quietud, si pudiéramos
traer aquí el rumor del río…
Al aire de la tarde, por donde
retozamos, el viento acaricia
el brezo, cuya flor prefiere
la perdiz.

EL AMARILLO del verano cobija
los insectos desnudos

El aire coaduna el zumbido y el polvo

De pronto se desmiembra una yaca enorme

Crea grieta sobre las dos de la tarde

DE LOS ojillos vivos de los pájaros,
que reflejan la escarcha del jardín
como si nunca hubiese habido pérdida,
ni dolor, traigo aquí su inocencia
después de haber vivido. Que nadie
me pregunte cómo la distingo
en el helado pasmo de febrero.

De repente llega la nube ennegrecida
La geometría del agua

Las hormigas conocen la lengua química
del primer día del monzón

El petricor

HUELE A madre la tierra cuando llueve
y más después de una sequía larga.
Qué pena, sin embargo, las ciruelillas
que ha tirado a conciencia la tormenta.
Caídas en la hierba, golpeadas
por el pedrisco, yacen desperdigadas.
Hay algo oscuro, como de fracaso,
de postración definitiva. Si no reúne,
el tiempo enseña, en lo que no
se dice, lo que hay.

EL CIELO es de pétalos pesados de loto azul
Un niño corre hacia la plantación de guayaba
Entre su ida y vuelta serpentea la fisonomía
de los que fueron a sembrar a finales de verano

Todo es confuso hoy, en nada atino,
definitivamente, cuesta reconocerlo,
no tengo la cabeza como antes. El sopor
en el que fraguan los nublados
extrema los aromas del corral
y, al mismo tiempo, enlacia la flor
y el árbol. Miente, en su ceguera,
lo oscuro, el cielo aborregado.
Volveré a levantarme.

Porque lo bello no es sino el comienzo de lo terrible
Rilke

LA LLUVIA ya es una tela fibrosa al viento
la cortina infranqueable de color de arroz

Han salido algunos a pescar en el arroyo
El orvallo curvado hila la marea

La que atrae a los varanos
que dominarán en fango

No hay nada más veloz
que un cormorán que bucea en el arroyo

El monzón nos enseña a no tocar nada
que tenga colores atractivos

HACIA LOS Santos viene el petirrojo,
lo veo siempre bajo los rosales,
inquieto, zarceando. Es como
si hurgara en mis entrañas:
lo que desnuda el ojo, un temblorcillo
que quiebra el corazón en el borde
del tiempo. Ha vuelto el petirrojo,
me está mirando, como siempre,
tímido. Hay en otoño días
de una serenidad sobrehumana.

La intocable vida del sitarista del pueblo chispea

al igual que una limadura
cuando la tarde se desborda sobre
la exactitud de los molejones
Esperamos que la calima serpentee
por las cuerdas de ese instrumento musical
electrificador de la quietud
que abre grieta en la sombra
más allá de los recuerdos

EL SILLERO comía ratas de agua que cazaba
con cepo. También ancas de rana y alguna
latilla de sardinas y calamares en su tinta,
Albo. Al final venía en bici y solo —decían
que tuvo carromato y que siempre lo acompañaba
su madre, hasta que se quedó imposibilitada.
A la sombra del chopo grande del río hacía
lumbre y echaba, a veces, culos de sillas,
con aneas de los orillos. Y arreglaba también,
de terciarse, pucheros y sartenes. Negrísima la piel,
arruga sobre arruga la cara pergamino, que daba
miedo verla. O al menos eso creía entonces,
que era su aspecto lo que me asustaba. Supe
después la oscura sequedad de la pobreza, su boca
que nunca conoció mi bienestar, que no se aprende.

LAS CAPAS

El monzón lo que no arrasa es la ida sin vuelta

La mujer ignorante desconoce todo tipo de inundación
No hace mucho que los soldados paquistaníes
la violaron y la obligaron a ver el asesinato
de sus hijos en el Bangladesh de hoy

Desde entonces el verbo es huir
hacia los lugares donde serpentea el rumor

El conocimiento se nutre de sangre
la sintaxis y su salto en la coma
reconoce la locura

Bahadur Shah Zafar, el último poeta
y soberano mogol,
al que los ingleses llevaron a ver a sus hijos ahorcados,
murió muy lejos de su amada Delhi, en Rangún,
sobre el imaginario crucigrama lunar de la cárcel

AL AIRE libre, por el llano,
qué importa adónde ni si nadie
espera. Es al caer la tarde, mientras
noviembre se deshoja en la arboleda
que ciñe el río. Al aire libre
mi vida ilesa, el frío y el silencio
que me ahondan. La muerte nos engaña,
pues la tierra es la huella. Y eterniza.

EL CONOCIMIENTO

La tarde se va apagando como una tela fina
al viento del monzón

Es una incitación para deambular
entre el rebaño de casas

animales enormes antes del anochecer

Es una invitación hacia el estanque
o probablemente hacia la acequia del riego
donde el cieno huele a posibilidad
para el alfarero

Es una llamada hacia la claridad del flujo
donde no penetra la imaginación

La tranquilidad de la húmeda quietud

Como la de la cobra
justo después de morder

Suele llegar el cadáver flotando,
sin adjetivo

Es difícil descubrir la doble mordedura de la serpiente
Es todo lo que se sabe

LA CLARIDAD que da la altura
con la crudeza luminosa
de enero por el llano numantino.
Otra vez el invierno con su luz
cortante, su verdad, de una nitidez
despiadada. Tan solo las ermitas
que, a lo lejos, descansan, en el alto
de algún cerrillo, son capaces
de aguantarla a pie quieto, de perfil.
Oigo ahora cantar a los pájaros.
Por nada de este mundo renunciaré
a su semilla mínima, jamás,
aunque lleve la muerte en las entrañas.

AL MEDIODÍA el pueblo vuelve al caparazón
Los dedos de agua acarician el viento
y cortan la tela del monzón
con el aroma de la guayaba en cada sombra

Son días en que las mujeres crean
los pinzones en la pared
con el torbellino de sus suspiros

Al trasluz de la somnolencia
se busca algo que abra la sábana húmeda

Crece el verdor del helecho
en el pensamiento
"contra el niño que escribe
nombre de niña en su almohada"

En lo débil la flor te nombra,
como nido en trigal, expuesto
a ser pisado, al pedrisco
o a las rapaces. Vas de recogida;
a fuerza de cuidado, de soledad
que aquieta, olvidarás los años
de la espera, del vértigo y las nubes.
Como parar el agua en un remanso:
la tarde que se alegra según
me ahondo por su mansedumbre.

AGOSTO es el reino del fulgor de la palidez
Cada calle se junta con la otra
pero no llega a ningún lado
Aún así se abre a la otra

Es el momento de los adolescentes
cuando cada vena recibe
la transfusión de alas
de bicicletas, del río, del cieno

El entorno es de hormigas y de ocas,
de gansos y de labios jadeantes,
de huellas huidizas
sobre el fango

Llueve sobre el aluvión

LA POZA del barranco apenas cubre
medio cuerpo. Al estar a la umbría,
además de verduzca, casi negra,
el agua corta la respiración. Ahí
me meto, pese al lodo, a refrescarme,
a ver si de una vez por todas
se me quita, o al menos se me pasa,
el picor criminal de la cebada
tardía. Mucho tiempo tardaré,
toda la vida, en olvidar lo sucio,
el resquemor de las miserias.

El OTOÑO se abre a la luz
es la hora de la pugna
porque vuelven los orgullosos

ahora el mundo se abre,
da cabida a las fiestas
en esa grieta, los malogrados
se esconden bajo sus nuevas camisas

cada arruga se abre hacia lo iluminado
cada grieta muestra la hiel
de su noche anterior
Ya no queda la indigencia de la irradiación,
la rancia roca de algodón que se llama nube

En esta grandeza la mujer del cosechero
recordaría a salir
para buscar la pluma blanca
de la lechuza, el talismán para el resto del año

HABRÍA QUE sacar cuanto antes las patatas
no vayan a pudrirse si el otoño
se mete en aguas. No pasa día
sin cuidado la madre que recuerda,
que recuerda. Lo que es de siempre
ha perdurado pese a las rebeliones,
por cuánto tiempo lo olvidé.

EL DESEO incesante de salir
siempre hacia la luz invernal

cuando todo esté ya transformado
quién querrá volver

Es el momento de descubrir el árbol
robustamente enhiesto
que se está volviendo deslumbrante

El aire y la fina gaza de niebla al amanecer
nos protege del verano

Se oye el río, se siente el martillo pesado
de los remores rompiendo la roca líquida

En nuestra primavera
las flores no pesan por falta de aroma

Oscuro es el destino del cuervo
que en otoño medita, encaramado
sobre un poste: lo que carece
de nombre es lo que busca. Un revuelo
de pajarillos le recuerda
que el frío ha vuelto a casa,
le aprieta un poco el corazón.
Sobreviene el silencio, aquello
que no puede nombrarse, se pierde.

EL INVIERNO nos trae sonidos lejanos
débiles como la fibra de la hoja de plátano
con la que se cose la reja de cañabrava

Ya no hay charco
En el cieno se conserva la huella
de los gansos tranquilos

En la plena tranquilidad
la inquietud de los recuerdos
se separa de la mente

Todos salen de casa para tomar el sol
Los amantes en el césped saben
que han de quemar la espera
en esta crepitación del verdor

QUEDAN CORROS de nieve por el monte
como quedan, con un tesón impropio,
el barro, la madera, la caricia.
Siempre habré de vivir por mis lugares.
Agradezco a la tarde, vencida
la voz por tanta muerte, que no
me aflija allí donde el recuerdo.
Si puedo recogerme hoy
y en lo que callo, vivo, viviré;
habré de vivir para siempre
como alondra en invierno, vertical,
hacia arriba, cantando
siempre, siempre cantando.

VEAMOS TODO con brillo
Ya que la luz no es vengadora
abrimos el umbráculo
Ahora el fuego está a la vista

Acaba la austeridad
Se rompe con violencia
la paz vegetal

Crece la atalaya de la luz
el apogeo dorado del campo abierto

Todo lo que crepita
es el suspiro guardado

CUANDO EL color del cielo, al atardecer,
se difumina, avivan la penumbra
las filigranas de la nieve
en los taludes y cunetas. Así
también se desvanece el caminillo
que traía, por donde anduve, creo;
mi paso por la tierra. No he de callar
ni recurrir a la palabra sombría,
nunca, la nieve alumbra apenas
en nuestra noche. Aunque sepa
a ceniza, me basta su rescoldo.

PERO LA luz es manchadiza
Se corrompe fácilmente por un soplo
del viento caluroso

El aire tiembla con el aroma
de las frutas cítricas

Ese movimiento, esa flama
que nos levanta, es la llegada del verano,
que abrasa la vista geométrica

EL TIEMPO viene a mí donde mana
la fuente. Cuanto se hace pregunta
es latido animal en lo perdido
del bosque, en lo oscurillo
de la templanza. Aquí hay permanencia,
hay sosiego, entra en mí
como el frío en el rostro, cuando
respirar duele, pero vivifica.

AQUÍ SE levanta el alto muro de los días fogosos
que enardecen hasta los pétalos gruesos,
reminiscente del Gondwana

La sombra interrumpida
rasga el descanso de las ardillas

El entorno lleva el silencio
de las flores blancas

Su aroma ruge en la única senda restante
que aún resiste en la ciudad

AL NACER los corderos, el humillo
aquel, tan tierno, que desprendían,
como de espárrago triguero. En leche
el trigo, aún dorándose, en la promesa
repetida de junio. Por la noche
callada, el murmurar del riachuelo
junto al que transcurría, a brincos,
la niñez. Un olor puro con los días
hasta que, no se sabe cómo,
somos nuestro enemigo y una helada
a destiempo abrasó, de todas, la cosecha.

LA SENDA carcomida al lado
de la carretera que va a la ciudad
¿qué nos comunica con el aroma
y el silencio de los jazmines?

Su indiferencia debe de decir algo
en esta hora de la usura

Algo buscan los niños en
ese vacío polvoriento,
en la vena del jardín

Llega la ola de las casas altas
En su incesante avance
se oye crujir
el verano interminable

PERDIERA TODO apego al mundo
arrecostado aquí, a la sombra
tardía de esta peña suelta,
vencido el sol de agosto,
en la desposesión, donde encontrase
alivio, densidad, pero tan claro
como el agua. Perdiese lo más negro
del corazón, en desamparo
pero íntegro, sin enfangar a nadie,
dejándolo todo igualito, sin tocar
nada. Volviera a casa un poco limpio
después de tantas horas escuchando
el silencio, con calma, por la trocha
del cerro, al aire fino de la sierra,
por el adentro emocionado,
emocionado.

VEO LA primera gota de lluvia sobre el silencio
El viento atesta el pueblo de pájaros pequeños
Su ruido mancha la luz
Sólo se ve una tela tosca de polvo
que cubre la última senda
hacia la espera de un invierno vivaz

INTENTO FORMULAR MI BREVE
EXPERIENCIA TURÍSTICA DE LA INDIA

Emocionado, miro desde el tren, dejo
el libro. El horizonte es una línea
de fuga, recta, verde, inabarcable,
mientras nos acercamos a Calcuta.

Entre los arrozales, sin piedras ni ribazos,
sobre los caballones que son lindes,
hay hombres solitarios, fumando,
en cuclillas, no sé ni cómo aguantan.
En los fangales plantan las mujeres,
saris multicolores, arriñonadas,
me supongo. Animales de carga, yuntas,
un tractorcillo suelto, turbas de niños
que retozan, un humo lento sale
de las aldeas, como si se desprendiese.

No sé si la neblina me protege
o me borra en el círculo bermellón
de la fidelidad. Sobre lo blanco
humeante, un cacillo de dal
para abrir boca. Amancio Prada
por San Juan de la Cruz. Carlos Aganzo
en la fresquera de Tagore; Muñoz Quirós
en moto, a escape libre; Jesús Aguado
tomándose, con calma tántrica,
un zumo de granada en la estación,

el vaso de un morado subido,
su mirada engañosamente lejos.

Me acompañan también, me salvan,
Kabir, el tejedor de Benarés,
sus paradojas hacia la humildad;
Ravidás, su paisano, zapatero
remendón, meditando para deshacer
los nudos, para descorrer el velo
de maya; Mirabai, su hermosa discípula;
Shyama Prasad Ganguly, el hispanista
que me bendijo en Delhi, bengalí.

Amenaza de cláxones, de cables,
perros con la mirada de un mendigo, turbia,
equilibristas a lo Buster Keaton
por los andamios de bambú.
En cualquier descampado repentino
el que no juega al cricket
echa a volar una cometa roja.
Y siempre por encima, inquietantes,
hasta en la chepa de los búfalos,
los grajos, gruñe que te gruñe.

De cuanto veo, nada entiendo, vuelvo
a los versos sonámbulos de Subhro, emocionado,
emocionado, atento a la respiración
en el estanque de las carpas, en el silencio,
bajo el fango de la tarde tropical.
Has visto cómo se vacían los pueblos,

le decía su abuelo, le decía a su padre.
Tú sabías que no hay que tener
miedo a los días pálidos ni a los animales,
le decía a su madre, nos dice a todos.

CORRESPONDENCIAS

*Los poemas de las páginas impares son de Subhro y los
de las pares de Fermín*

Este libro se editó siguiendo la ruta que
las estelas de condensación de un reactor
habían tejido entre Ausejo de la Sierra y
Nueva Delhi en mayo de 2025